BEI GRIN MACHT SICH IHR WISSEN BEZAHLT

- Wir veröffentlichen Ihre Hausarbeit,
  Bachelor- und Masterarbeit

- Ihr eigenes eBook und Buch -
  weltweit in allen wichtigen Shops

- Verdienen Sie an jedem Verkauf

Jetzt bei www.GRIN.com hochladen und kostenlos publizieren

Dana Ziegel

Finanzierung und Investition. Lernzusammenfassung

GRIN Verlag

Bibliografische Information der Deutschen Nationalbibliothek:

Die Deutsche Bibliothek verzeichnet diese Publikation in der Deutschen National-
bibliografie; detaillierte bibliografische Daten sind im Internet über http://dnb.d-
nb.de/ abrufbar.

Impressum:

Copyright © 2015 GRIN Verlag, Open Publishing GmbH
Druck und Bindung: Books on Demand GmbH, Norderstedt Germany
ISBN: 978-3-668-00506-8

Dieses Buch bei GRIN:

http://www.grin.com/de/e-book/301976/finanzierung-und-investition-lernzusam-
menfassung

Beteiligungsfinanzierung durch Gesellschafter

Entscheidungskriterien von Gesellschaftern für/gegen Kapitaleinlagen (OHG)

1. Fungibilität (Nachteil)
   - Möglichkeit jederzeit wieder verkaufen zu können
   - Aktien lassen sich z. B. leichter verkaufen
2. Teilbarkeit (Nachteil)
   - Bei größeren Unternehmen ist eine leichtere Aufspaltung von Kapitalbeträgen bzw. Finanzierungen möglich
3. Einschränkung der Geschäftsführungsbefugnis (Nachteil)
   - Beteiligung im mittelständischen Unternehmen: hier ist das Interesse der Gesellschafter/Kapitalgeber an der Bilanz größer
4. Preisfindung (Vorteil)
   - Ohne Markt ist Preisbindung schwieriger
5. Schutzvorschriften (Vorteil)
   - Bei großen Unternehmen sind Schutzvorschriften umfangreicher

→ Kapitalanlagen bei nicht börsendotierten Unternehmen sind eher für langfristige Anlagen interessant

Erarbeiten Sie dir rechtsformabhängigen Vor- und Nachteile der Beteiligungsfinanzierung im nichtbörsenfähigen Unternehmen!

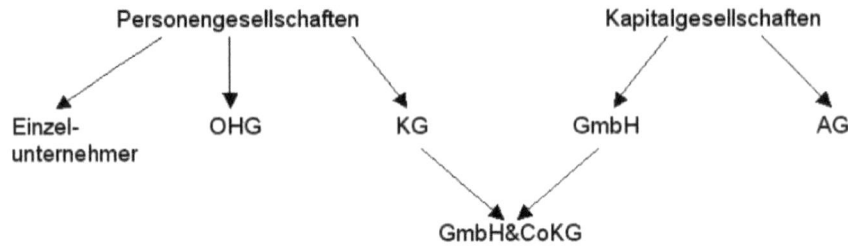

- Einzelunternehmen: Einzelunternehmer ⎫
- OHG: mind. 2 Gesellschafter   ⎬ Haftung mit Geschäfts- u. Privatvermögen
- KG: Teil- und Vollhafter   ⎭
- GmbH: Haftung mit eingesetztem Kapital
- AG: Kapital aus Aktien (Zusammensetzung: geschäftsführender Vorstand, überwachender Aufsichtsrat und Hauptversammlung der Aktionäre)

Vorteile	Nachteile
Einzelunternehmen	
- Unternehmerkapital ist möglich	- Kapitaleinbringung durch Unternehmer ist auf Privatvermögen beschränkt
OHG	
- Aufnahme neuer Gesellschafter ist durch Verteilung der Anteile möglich	- Nur begrenzte Aufnahme neuer Gesellschafter möglich
KG	
- Kommanditisten können aufgenommen werden dürfen aber nicht mitreden	- Kommanditistenanteile sind kaum in der Praxis handelbar - Notarielle Beurkundung beim Wechsel des Kommanditisten
GmbH	
- Aufnahme weiterer Gesellschafter führt zur besseren Verteilung - Keine Haftung mit Privatvermögen - Eigenständige juristische Person (attraktiver für moderne Finanzierung)	- Stammkapital von 25.000 €
AG	
- Aktienausgabe um EK zu erhöhen - Grundkapital (Eigenkapital) wird von Aktionären durch Aktienerwerb aufgebracht (Zugang über Kapitalmarkt) - Unternehmensbeteiligung leichter handelbar (kein Notar Vorstandswechsel) - Bestehen ist unabhängig vom Wechsel der Anteilseigener - Aktionäre haften für Verbindlichkeiten der AG nur mit ihren Anteilen - Bevorzugte Form moderner Geldanlage: jederzeitiger Verkauf der Aktien	- Wenig Mitsprache der Aktieneigner - Mindestkapital: 50.000 Euro - Jährliche Vorlegung des Jahresabschlusses durch den Vorstand - Strenge Kontrollvorschriften und weitgehende Publizitätspflichten -

Personengesellschaft ◄──►	Kapitalgesellschaft
GbR, OHG etc.	GmbH und AG

Haftung	
- mit Betriebs- und Privatvermögen	- beschränkt auf Betriebsvermögen

Leitungsbefugnis	
- Bei Eigentümern: Mitbestimmungsgesetzgebung	- Ab Bestimmter Mitarbeiterzahl - (Betriebsverfassungsgesetz)

Finanzierungsmöglichkeiten	
- Große Haftungsmasse → viele Finanzierungsmöglichkeiten - Personengesellschaften haben es schwerer: sie müssen Angebot und Nachfrage zusammenbringen (keine Institutionalisierung)	- Beschränktes Risiko → beschränkte Finanzierungsmöglichkeiten - Börse "beschafft" Geld: Kapitalgesellschaften haben es daher leichter am Geld zu kommen - besserer Zugang zu organisierten Kapitalmarkt (Institutionalisierung)
- hängen vom Risiko/der Haftungsart ab - desto mehr Institutionen es im Unternehmen zur Geldbeschaffung gibt, desto mehr Finanzierungsmöglichkeiten gibt es	

Kosten der Rechtsform entscheiden	
- Geringer als bei Kapitalgesellschaften	- Höher als bei Personengesellschaften

Steuerbelastung	
- Höher als bei Kapitalgesellschaften (Einkommensteuer)	- Körperschaftssteuer

Publizität	
- Keine Veröffentlichung von Zahlen	- Stärkerer Zwang Zahlen zu veröffentlichen (gesetzliche Verpflichtung) - Gewinn und Verlustrechnung muss veröffentlicht werden (im Handelsregister) - Publizitätspflicht "für " Kapitalgeber (aber dadurch auch bessere Auskunft/Verbindung zum Kapitalmarkt)

3

Beteiligungsfinanzierung durch den Kapitalmarkt

Aktienarten

1. Unterscheidung von Aktienarten nach der Übertragung:
   - Inhaberaktien: typische Aktie
     (privatrechtlicher Verkauf durch Einigung/Übergabe gemäß § 929 BGB)
   - Namensaktien: müssen per Indossament im Aktienbuch AG veröffentlicht werden
     (und übergeben werden)
   - Vinkulierte Namensaktie: Eintragung ins Aktienbuch und zusätzliche Zustimmung
     der Gesellschaft zur Aktienübertragung

2. Unterscheidung nach dem Umfang der Rechte:
   - Stammaktien: typische „volle" Aktien (Stimm- und Auskunftsrecht auf der Hauptver-
     sammlung, Anteil am Liquidationserlös, Bezugsrecht, Dividendenanspruch)
   - Vorzugsaktien: Erhalt höherer Dividenden (Vorabdividende/Überdividende o. Ä.)
     aber dafür weniger Rechte

3. Unterscheidung nach
   - Nennwertaktie: fester Preis (Aufdruck des Nennwertes)
   - Stückaktien: durchschnittlicher Anteil am Reinvermögen
     (Stammkapital: Anteil der Aktien)

Voraussetzungen für das „Initial Public Offering" (an die Börse gehen, Folie 120)
- Management buy-in: Externe Personen kaufen sich ins Unternehmen ein
  (Finanzinvestor, öffentliche Beteiligungsgesellschaft, Managementholding)
- Management buy-out: Interne und Externe Personen kaufen sich ins Unternehmen ein
  (Klassische Beteiligungsgesellschaft, Venture Capital-Gesellschaft, Turnaroundfonds)

Going Public (IPO)
- Börsengang einer AG/Umwandlung (z. B. von der GmbH zur AG) oder AG-Gründung
- Teilverkauf eines Unternehmens

Ziele
- EK-Beschaffung wird erheblich erweitert (breite Streuung)
- Kosten: Finanzkommunikation (Verkaufsprospekt, IPO-Berater)
- Konsortium
- Emissionskonzept
- Due Dilligence durch Wirtschaftsprüfer (Sorgfalt)
- Ad-hoc-Publizität
- Quartalsberichte

Zentrales Problem
- Bestimmung eines Preises
  → Aktienbewertung (von den Marktteilnehmern erwartete Preise)
  → Preisbildungsverfahren (von den Marktteilnehmern gezahlte Preise)

Was passiert bei Kapitalerhöhung (= Ausgabe neuer Aktien)?
1. Stimmrechtsanteil verringert sich
2. Gewinnanteile verringern sich
3. Der Wert, den die Aktie bringt, sinkt
4. Größere Risikostreuung (da mehr Aktien)
5. Ressourcen des Unternehmens verteilen sich auf mehrerer Aktien
→ Konsequenzen kann man durch Ausgabe eines Bezugsrechtes verhindern

Bezugsrechte (sind sehr begehrt)
- Bezugsrecht: Zukauf von so viel Aktien, dass der Vermögensanteil gleich bleibt
- Bezugsrecht sind im Aktiengesetz geregelt (Bezugsausschluss* ist möglich)
- Höhe ist abhängig vom Bezugsverhältnis
- Bezugsverhältnis: wie viele Altaktien für den Bezug einer neuen Aktie nötig sind
- Bezugskurs der neuen Aktie ist abhängig vom Börsenkurs der alten Aktie
- Ergebnis: neuer Börsenkurs
- Der neue Preis liegt üblicherweise zwischen dem altem und dem neuen Preis
*Bezugsausschlussrecht
- Bei einer ¾-Mehrheit durch Vollversammlung ist ein Ausschluss
  → Mitarbeiteraktien
  → Fusionen

Übung Bezugsrecht (Textra-AG)
- Gezeichnetes Kapital: 850 Mio. €
- 10 % Erhöhung des Grundkapitals (zur Maschinenfinanzierung)
- Nennwert: 5 €
- Aktueller Kurs: 38 €
- Bezugskurs: 27 €

1. Wie viele Aktien hat das Unternehmen vor/nach der Kapitalerhöhung?
   - Vorher: 850 Mio. € : 5 =   <u>170.000.000 Aktien</u>
   - Nachher: (850 Mio. € + 10 %) : 5 =   <u>187.000.000 Aktien</u>
   → Gezeichnetes Kapital : Nennwert

2. Wie hoch ist das Grundkapital nach Kapitalerhöhung?
   - 850 Mio. € + 10 % = <u>935 Mio. €</u>
   → Gezeichnetes Kapital + Erhöhung in %

3. Wie hoch ist die Börsenkapitalisierung vor/nach der Kapitalerhöhung?
   - Vorher: 170 Mio. Aktien · 38 € =   <u>6.460 Mio. €</u>
   → Anzahl der Aktien · Kurswert
   - Nachher: 17 Mio. Aktien · 27 € =   459 Mio. €
           459 Mio. € + 6.460 Mio. € =   <u>6.919 Mio. €</u>
   → Anzahl der dazu gekommen Aktien · altem Kurswert (Bezugskurs)
   → Produkt (zusätzliche Aktien · altem Kurswert) + Wert alter Aktien

4. Wie viel Geld wird für die Finanzierung aus der Kapitalerhöhung benötigt?
   - 17 Mio. Aktien · 27 € = <u>459 Mio. €</u> (siehe 3.)

5. Wie hoch ist der rechnerische Mischkurs nach Ausgabe?
   - (170 Mio. · 38 €) + (17 Mio. · 27 €) = 6.919 Mio. €
   - 6.919 Mio. € : 187 Mio. neue Aktien = <u>37 €</u> (Mischkurs/Kurs nach Kapitalerhöhung)

6. Wie viel ist das Bezugsrecht pro Aktie Wert?

$$\text{Bezugsrecht} = \frac{\text{Alter Kurs} - \text{neuer Kurs}}{\frac{\text{Anzahl alter Aktien}}{\text{Anzahl neuer Aktien}} + 1}$$

$$\text{Bezugsrecht} = \frac{38\ € - 37\ €}{\frac{170.000.000}{187.000.000} + 1} = 0,52$$

5

Bedingte Kapitalerhöhung

Bedingte Kapitalerhöhung
- Erfolgt durch die Ausgabe von Wandel-/Optionsschuldverschreibungen (Anleihen)
- Ausgabe von Bezugsrechten zur Vorbereitung von Unternehmenszusammenschlüssen
- Ausgabe von Bezugsrechten an eigene Mitarbeiter
- Eigenkapitalverschaffung auf Termin
- Anleihe = Fremdkapital zum höchsten Zins (Darlehen)

Gründe für Anleihen anstatt sofortige Eigenkapitalbeschaffung:
- Wenn zur dieser Zeit die Aktien des Unternehmens zu schwach bewertet werden
- Es herrscht eine Hochzinsphase (FK-Beschaffung wäre eine ungünstige Alternative)

1. Wandelanleihe (neben Recht auf Zinsen)
   - Verbrieft neben dem Recht auf Zinsen ein Umtauschmöglichkeit in eine Aktie
   - Nach dem Umtausch geht die Wandelanleihe unter (verfällt)
   Wichtigste Kostenbestandteile einer Wandelanleihe:
   - Zinsbetrag/Zinssatz
   - Nennbetrag
   - Laufzeit
   - Frühster Umtauschtermin
   - Umtauschfrist und
   - Umtauschpreis (aus Wandlungsverhältnis + Zuzahlung)

2. Optionsanleihe
   - Gläubiger hat ein Bezugsrecht auf Aktien innerhalb einer bestimmten Frist zu einem festge-legten Bezugskurs (= Optionsschein)
   - Bleibt auch nach dem Bezug der Aktien bestehen (ist handelbar)
   Drei Notierungen der Optionsanleihe an der Börse
   - Anleihe mit Schein
   - Anleihe ohne Schein
   - Nur der Optionsschein = Wertpapier (oft hochspekulativ)

3. Genehmigtes Kapital
   - Ermächtigt den Vorstand zur Kapitalerhöhung
   - Bei freier Zeitpunktwahl
   - Ohne Information nach außen (Geheimhaltung bei Investitionen: Vorteil)
   - Reaktionsschnelligkeit (Vorteil)
   → Hauptversammlung erteilt die Ermächtigung zur Grundkapitalerhöhung ohne Einberufung einer Hauptversammlung
   → Erhöhung darf max. 50 % des bisherigen Kapitals betragen
   → Realisierung muss innerhalb von 5 Jahren erfolgen

   Exkurs Finanzintermediäre (Beteilung Externer)
   1. Art der Beteiligung
      - Individualpersonen aus dem Unternehmen
      - Individualpersonen nicht aus dem Unternehmen
   2. Beteiligungsgesellschaften
      - Beteiligung von 5 – 7 Jahren (bei typischen Finanzinvestitionen: wo kann ich Geld am effektivsten Anlegen)
      - Öffentlichen Auftrag erfüllen (öffentliche Beteiligungsgesellschaft)
      - Managementholding
   3. Nach Art des Investors
      - Klassische Beteiligungsgesellschaft
      - Venture Capital-Gesellschaft (Risikokapital, Folie 121)
      - Turnaroundfonds

4. Kapital aus Gesellschaftsmitteln
- Teile der Rücklagen werden in Aktien, also gezeichnetes Kapital, umgewandelt (Rücklagen: Kapital, das freiwillig/wg. gesetzlicher Bestimmungen zurückgelegt wurde)
- Umbuchung erfolgt innerhalb des Eigenkapitals
- Gratisaktien/Berichtigungsaktien
- Wert pro Aktie wird kleiner aber insgesamt ändert sich die Anzahl der Aktien nicht

Gründe
- Senkung der Kursen (leichtere Handelbarkeit)
- Risikostreuung
- Mehr Ausschüttung, da mehr Aktien (wenn Dividende gleich bleibt)

Exkurs Mitarbeiterbeteiligung zur Finanzierung
Vorteile
- Mehr Engagement
- Zusätzliches Einkommen und Altersvorsorge
- Steigerung der Selbstverantwortung

Formen der Mitarbeiterbeteiligung
1. Investive Lohnform
   - Mitarbeiterguthaben
   - Arbeitszeitguthaben
   - Variable Vergütung
2. Schuldrechtliche Beteiligung
   - Mitarbeiter-Darlehen
   - Stille Beteiligung
   - Genussrecht/-schein

3. Gesellschaftsrechtliche Beteiligung (klassische Form der Beteiligung)
   - GmbH
   - Genossenschaft
   - Aktien
4. Virtuelle Beteiligung
   - Aktienoptionen
   - Nackte Optionen
   - Phantom-Stocks
     (virtuelle Aktien, die nicht an der Börse sondern nur im Unternehmen gehandelt werden)

⇒ 1. – 3.: tatsächliche Kapitalbeschaffung
⇒ 4.: Kein zusätzliches Kapital durch Berechtigungsaktien
⇒ Weitere Möglichkeiten zur Kapitalbeschaffung außer Fremdkapital: Mittel aus dem Unternehmen (Innenfinanzierung)

Übungsaufgabe: Kapital aus Gesellschaftsmitteln
→ Umwandlung von 170 Mio. € Rücklagen in Grundkapital

1. Wie hoch ist der Kurs nach der Umwandlung
   - Wert alter Aktien: 37 €
   - Alte + neue Aktien: 187 Mio.
   - Gratisausgabe: 0 €
   - Anzahl der Aktien: 170 : 5 = 34
   → $\frac{37 + 187 + 0 \cdot 34}{221} = 31{,}31$

2. Wie viele Aktien bekommt ein Aktionär, der bisher 100 Aktien bekam?
   - 187 Aktien (vorher)
   - 221 Aktien (jetzt)
   - Wert/Aktie vorher = 37 € ·100 = 3.700 € (für 3.700 = 100 Aktien)
   - Wert/Aktie neu = 31,31 €
     → 3.700 : 31,31 = 118,17 Aktien
     → 18,18 Aktien (0,18 Teilrechte)

3. Wie hoch ist sein Vermögen vorher und nachher?
   - Sein Vermögen ändert sich nicht!
   - Es beträgt vorher und nachher 3.700 €

Möglichkeiten der Innenfinanzierung

1. Finanzierung über den Gewinn der ausgeschüttet wird (stille/offene Selbstfinanzierung)
2. Finanzierung aus Abschreibung
3. Finanzierung aus Rückstellungen
4. Finanzierung aus Vermögensumschichtungen (außerhalb des Umsatzprozesses)

Voraussetzungen für Innenfinanzierung
- Den laufenden Einzahlungen/Veräußerungserlösen stehen wenige Auszahlungen gegenüber
- EBIT: Earning Before Intrest and Taxes
- Rückstellungen/Abschreibungen: Aufwand aber keine Ausgabe
- Was thesauriert wird steht dem Unternehmen zur Verfügung (Innfinanzierung)

1. Selbstfinanzierung
- Finanzierung aus Gewinnen, die im Unternehmen zurückbehalten werden.
- Unterscheidung nach Art des Ausweises des zurückbehaltenen Gewinnes in
  → Offene Selbstfinanzierung
  → Stille Selbstfinanzierung

Stille Selbstfinanzierung
- Einbehaltung des nicht ausgewiesenen Gewinns (unver-
  steuerter Gewinn)
- Gewinn wird wegen der Unterbewertung der Aktiva nicht
  ausgewiesen (niedriger Wertansatz von Rückstellungen)
- ODER Überbewertung der Passiva (zu hohe Bewertung
  von Rückstellungen)
- Bewertung nach dem Vorsichtsprinzip, so dass der Gewinn klein gehalten wird

Offene Selbstfinanzierung
- Finanzierung aus dem in Bilanz und GuV ausgewiesenen Gewinn

Vorteile/Nachteile stiller Reserven (Zwangs-/Ermessens-/Willkürreserven)
- Vorteile: Steuerersparnis durch Selbstfinanzierung
- Vorteil: Höhere Flexibilität des Unternehmens (Dividenden)
- Nachteil: Keine optimale Kapitalverwendung (weniger Marktchancen)

2. Finanzierung aus Abschreibungen
- Abschreibungen bewirken einen Desinvestitionsprozess (Rückführung gebundener Finanzierungsmittel in eine liquide Form/Mittel fließen dem Unternehmen zu)
- Afa = Aktivtausch: Abnahme Anlagevermögen + Zunahme Umlaufvermögen/Mittelzufluss (Anlagevermögen nimmt ab + Geld geht in die Kasse)
- Afa = Verteilung der Anschaffungskosten auf die Jahre der Nutzung (Folie 125)
- Überhöhte Abschreibungen = stille Selbstfinanzierung

ABER Finanzierungseffekt erst durch (nicht allein durch die buchmäßige Abschreibung)
- Abschreibungen müssen über Umsatzerlöse verdient sein,
- Abschreibungsgegenwerte müssen dem Unternehmen als Einzahlungen zugeflossen sein

Vorteile
- Steuerersparnis da geringerer Gewinn (Gewinn mindernder Aufwand aber keine Auszahlung)
- Desto höher die Afa, desto mehr Geld ist für die Tilgung da
- Zusätzlichen Mittel aus der Abschreibung können zur Tilgung von Zinsen genutzt werden
- Zusätzliche Mittel können zur Investition genutzt werden

Lohmann-Ruchti-Effekt
1. Kapitalfreisetzungseffekt (Mittelfreisetzung)
   - Besagt, dass wenn die durch die Afa freigesetzten Mittel sofort wieder investiert werden (in die gleichen Anlagen/Maschinen), die Kapazität des Unternehmens ohne Aufnahme neuer Mittel erweitert werden kann
   - Afa ist nicht zahlungswirksam aber mindert den Gewinn des Unternehmens, da sie als Aufwand abgezogen wird
   - Das gilt nur, wenn die Gesamtaufwendungen insgesamt abgedeckt werden (S. 126 + 127)

2. Kapitalerweiterungseffekt = $\dfrac{2}{1 + \dfrac{1}{t}}$
   (t = Nutzungsdauer)

Umsatz (-einnahmen)	100	50	80
Zahlungswirksamer Aufwand	50	50	50
Abschreibungen	30	30	30
Betriebsergebnis	20	-30	0
Cash-flow	50	0	30

- Betriebsergebnis = in der Bilanz ausgewiesen
- Cash-flow = Einnahmenüberschuss innerhalb des Unternehmens (ohne Afa-Abzug)
- Cash-flow = Kapitalfreisetzung (50 bzw. 30)
- Kapitalerweiterungseffekt: Kapazitäten können um 50 bzw. 30 erweitert werden (durch neue Investitionen)

3. Finanzierung aus Rückstellungen
- Rückstellungen: Verbindlichkeiten, deren Grund, Höhe und Auszahlungszeitpunkt unbekannt ist (Begleichung späterer Verbindlichkeiten)
- Rückstellungen unterliegen der Passivierungspflicht: Aufwand jetzt, Zahlung später
- Durch Rückstellungen können Gelder an das Unternehmen gebunden werden, die auch zu Finanzierungszwecken Verwendung finden können
- Für den Finanzierungseffekt ist die Fristigkeit der Rückstellungen entscheidend
- Mittel stehen nur für den Zeitraum zwischen Bildung und Auflösung zur Verfügung
- Zu hoher Ansatz von Rückstellungen = stille Selbstfinanzierung
- Rückstellungen sind im Allgemeinen kurzfristiger Natur
- ABER durch jährliche Neubildung/Bodensatz an Rückstellungen = Finanzierungseffekt

Arten von Rückstellungen
1. Rückstellungen für Verbindlichkeiten
   - Pensionsrückstellungen:
     → Finanzierungseffekt: siehe Folie 129
       - Rückstellungsbildung: viele Pensionen aber kaum Versorgungsfälle
       - Ausgleich: Rückstellungen = Abflüsse (konstantes Finanzierungsvolumen)
       - Rückstellungsauflösung: wenig neue Rückstellungen aber viele Versorgungsfälle
     → Stehen dem Betrieb langfristig zur Verfügung
     → Bei Neueinstellung hoher Finanzierungseffekt
     → Später geringerer Finanzierungseffekt (bei Zahlungswirksamkeit)
     → Abfluss finanzieller Mittel durch Auflösung bei Pension der Arbeitnehmer
     → ABER Bodensatz des Pensionsfonds steht dem U. dauerhaft zur Verfügung
     → Finanzierung durch Pensionsrückstellungen ist wegen der hohen Volumina und der Langfristigkeit von besonderer Bedeutung
   - Steuer-/Gewährleistungsrückstellungen
   - Prozessrückstellungen (Verfahren im nächsten Jahr aber möglicher zu zahlender Schaden wird bereits jetzt als Rückstellung berücksichtigt)
2. Rückstellungen für drohende Verluste
   - Steuerrechtlich nicht anerkannt aber handelsrechtlich ja
3. Aufwandsrücstelllungen
   - Steuerrechtlich nicht anerkannt aber handelsrechtlich ja

Auflösung von Rückstellungen
- Ist nötig, wenn nicht ausgezahlt werden kann
- ABER bei Auflösung wird die Rückstellung buchhalterisch zu Gewinn, der zu versteuern ist
- Versteuerung ist wahrscheinlich sehr hoch/unbezahlbar
- Ob diese Steuern bezahlt werden können ist fraglich, da nicht genug Gewinn vorhanden ist (die Rückstellung selber konnte ja schon nicht ausgezahlt werden)

Anwendbarkeit von Pensionsrückstellungen
- Wegen notwendiger Rücksicherung kein Finanzierungseffekt mehr für Mittelständische Unternehmen
- In großen Unternehmen mit eigenem Institut, dass für Absicherung sorgt, eher nutzbar

4. Kapitalfreisetzung aus Vermögensumschichtung (zur Finanzierung)
   1. Kapitalfreisetzung aus Anlagevermögen
   2. Kapitalgewinnung aus Umlaufvermögen
      - Lagerabbau
      - Forderungsabbau
      - Wertpapierverkauf (um Mittel freizusetzen)
   3. Finanzierungseffekte durch Rationalisierung

Insolvenzgründe

1. Insolvenztatbestände

1.1 Illiquidität/Zahlungsunfähigkeit
- Ausgaben > Einnahmen
- Pflicht des Gläubigers (nicht des Unternehmers)
- Zahlungsunfähigkeit = häufigster Insolvenzgrund (> 95 % der Unternehmen)

1.2 Überschuldung
- Verbindlichkeiten > als Vermögen
- Pflicht des Gläubigers (nicht des Unternehmers)
- Negatives Eigenkapital (auf der Aktiv- anstatt auf der Passivseite der Bilanz)
- Aber in der Bilanz werden nur Buchwerte aufgeführt
  (keine Verkehrswerte = Zeit- bzw. Marktwert)
- Lösung: Aufstellung eines Überschuldungsstatus (unter Aufführung stiller Reserven) und somit Unternehmensbewertung zu Verkehrswerten
- Insolvenztatbestand nur für Kapitalgesellschaften (da nur das in der Bilanz ausgewiesenen Kapital „haftungsfähig ist"

1.3 Drohende Zahlungsunfähigkeit
- Ermöglicht dem Unternehmer selber einen Insolvenzantrag zu stellen (je nachdem was für den Gläubiger günstiger ist)
- Insolvenzverwalter sollen dann sanieren (Pläne erstellen um das Unternehmen zu retten)

2. Kredite als klassische Finanzierungsform
- Wird für Banken immer unattraktiver (zu viel Konkurrenzdruck → niedrige Gewinne)
- Firmenkundenkredit ist nicht mehr attraktiv sondern eher der Privatkundenkredit

3. Fehlendes Know-How
- Häufig fehlt das Know-How über neue Finanzierungsideen

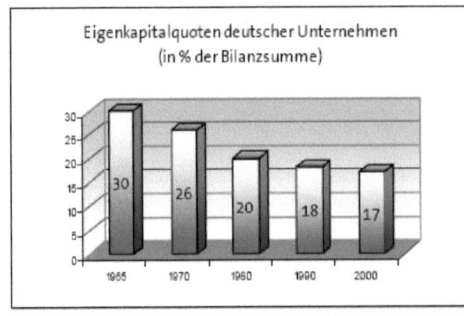

Eigenkapitalquoten deutscher Unternehmen (in % der Bilanzsumme)

Eigenkapitalquoten kleiner und mittlerer Unternehmen (internationaler Vergleich in %)

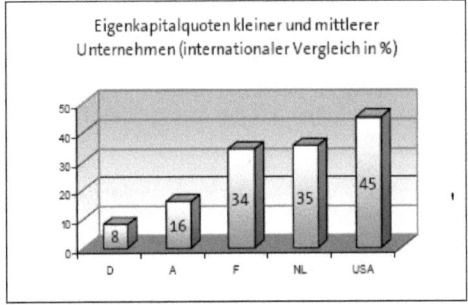

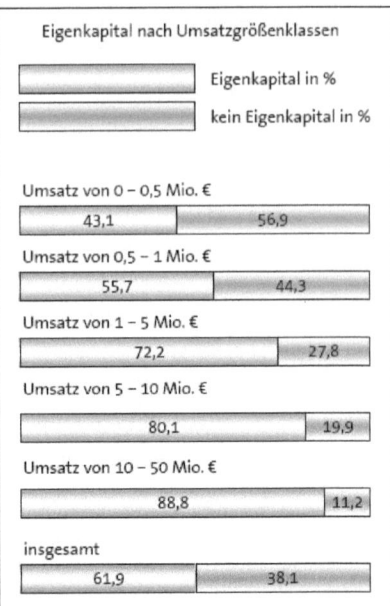

Eigenkapital nach Umsatzgrößenklassen

Eigenkapital in %
kein Eigenkapital in %

Umsatz von 0 – 0,5 Mio. €
43,1 | 56,9

Umsatz von 0,5 – 1 Mio. €
55,7 | 44,3

Umsatz von 1 – 5 Mio. €
72,2 | 27,8

Umsatz von 5 – 10 Mio. €
80,1 | 19,9

Umsatz von 10 – 50 Mio. €
88,8 | 11,2

insgesamt
61,9 | 38,1

Eigenkapital im Unternehmen
- Eigenkapitalquote spielt eine wichtige Rolle für externe Kapitalgeber
- Rating: Wahrscheinlichkeit für Insolvenz liegt höher bei niedriger Eigenkapitalquote
- In Deutschland vergleichsweise schlecht, wegen anderer/strengerer Bewertungsvorschriften (stark sinkende Eigenkapitalquote: 8 % im Jahr 2005)
- Eigenkapitalquote in kleineren und Mittleren Unternehmen ist wegen Steuern so gering
  - ➢ Eigenkapitalzins ist steuerlich nicht absetzbar (externe Finanzierung ist besser)
  - ➢ Betriebsvermögen aus Haftungsgründen ins Privatvermögen übernehmen

Möglichkeiten um die Eigenkapitalquote zu steigern
- Vollständige Ausweisung des Eigenkapitals

Mögliche Additionsposten des bilanziellen Eigenkapitals:
- Gesellschafterdarlehen
- Darlehen von Familenangehörigen
- Einlagen stiller Gesellschafter
- Verrechnungskonten der kommandisten
- 50 % der Sonderposten mit Rücklagenanteil
- Pensionsrückstellungen des Unternehmers

  Bilanzielles Eigenkapital
+ Additionsposten
- Subtraktionsposten: Negativkapital
= wirtschaftliches Eigenkapital

Kreditfinanzierung und besondere Finanzierungsfragen

- Steigerung der Managementautonomie durch mehr Eigenkapital und weniger Zinsen
- Kleine und mittlere Unternehmen nutzen meist Bankkredit zur externen Finanzierung

Klare Unterscheidung zwischen Einen- und Fremdkapital

	Eigenkapital	Fremdkapital
Verhältnis	Beteiligungsverhältnis Eigentümerrechte	Schuldverhältnis Gläubigerposition
Haftung	Mindestens in Höhe der Einlage je nach Rechtsform auch mit Privatvermögen	Keine Haftung
Entgeltanspruch	Teilhabe am Gewinn und Verlust	Fester Zinsanspruch keine Erfolgsbeteiligung
Vermögensanspruch	Ja, wenn Liquiditätserlös Schulden übersteigt	Nur Anspruch auf Rückzahlung und Verzinsung des Darlehens
Mitbestimmung	Ja	Nein
Dauer d. Kapitalüberlassung	Unbefristet	Befristet
Sicherheiten	Keine	Im Regelfall nötig
Steuern	Entgelt kann steuerlich nicht geltend gemacht werden Gewinn wird steuerlich belastet	Zinsen als Aufwand steuerlich absetzbar

Auswahlkriterien für Eigen- oder Fremdkapital
- Ausgewogene Rendite-Risiko-Position (Marktperspektive)
- Renditeerwartung ist bei Eigenkapital höher als bei Fremdkapital
- Eigenkapitalgeber geben wegen höherem Risiko nur bei hoher Rendite/Verzinsung Geld ABER in der Praxis ist das heute nicht so
- Unausgewogene Situation in Dtl.: wegen Bankenwettbewerb oft Fremdkapitalfinanzierung

Risiko-Erwartung	Hoch	bevorzugt Unternehmen	bevorzugt Unternehmen	Optimal
	Mittel	bevorzugt Unternehmen	Optimal	bevorzugt Finanzier
	Niedrig	Optimal	bevorzugt Finanzier	bevorzugt Finanzier
		niedrig	mittel	hoch
		Rendite-Erwartung		
		Fremdmittel	Mezzanine	Eigenmittel

- Hohe Risikoerwartung + niedrige Renditeerwartung: bevorzugt Unternehmen
- Bei Finanzierung aus Fremdmitteln und hohen Renditeerwartungen + niedrigem Risiko: Finanzmittelgeber wird dann bevorzugt
- Tendenz zur Bevorzugung der Unternehmen, da Bankenwettbewerb (Kredite für wenig Zins)
- Finanzierungskosten minimal = optimale Finanzierungsstruktur (Perspektive der Unternehmen)
- Eigenkapitalgeber tragen ein höheres Risiko als Fremdkapitalgeber (Fremdkapitalgeber haben Anspruch auf Zins und Tilgung)

Versuche die Finanzierungskosten zu minimieren!!!
- $i \, (FK + EK) = i_{FK} \cdot FK + i_{EK} \cdot EK = Min!$
  $(i = Zins)$

Leverage-Effekt (Hebelwirkung)
- Beschreibt die funktionale Abhängigkeit der Eigenkapitalrendite vom Verschuldungsgrad
- Besagt, dass die Eigenkapitalrentabilität mit zunehmender Verschuldung steigt, wenn die Gesamtkapitalrentabilität größer als der Fremdkapitalzins ist

Formeln
- Gesamtkapital = EK + FK
- Verschuldungsgrad = FK : EK
- Gesamtrentabilität = Gewinn vor Zinsen : Gesamtkapital
- Eigenkapitalrentabilität = Gewinn nach Zinsen : Eigenkapital

1. Rendite des Unternehmens ist kleiner als der zu zahlende Fremdkapitalzins ($r < i_{FK}$)
   Wie sollte die Relation von Fremd- zu Eigenkapital sein?
   - Mehr Eigenkapital reinholen, damit sich das Risiko auf möglichst viele Schultern verteilt = minimaler Verschuldungsgrad
   - Oder evtl. gar nicht investieren, da das Risiko zu groß ist
   Beispiel: 90 % Eigenkapital + Erwirtschaftung von Schulden
   - Verteilung der Schulden auf mehr Köpfe, desto mehr Eigenkapital
   - Fremdkapitalgeber haften nämlich nicht

2. Erwartete Rendite ist gleich dem zu zahlenden Fremdkapitalzins ($r = i_{FK}$)
   Wie sollte die Relation von Fremd- zu Eigenkapital sein?
   - Aus Sicht des Eigenkapitalgebers ist dann die Finanzierungsform egal

3. Rendite des Unternehmens ist größer als der zu zahlende Fremdkapitalzins ($r > i_{FK}$)
   Wie sollte die Relation von Fremd- zu Eigenkapital sein?
   - Möglichst viel Fremdkapital nutzen, da sich dann der höhere Gewinn auf mehrere verteilt = maximaler Verschuldungsgrad

Kritik am Leverage-Effekt
- Die Gesamtkapitalrentabilität darf nicht sinken
- Vorerst würde das Unternehmen die Investition nicht durchführen (nur wenn r/der internen Zinsfuss größer ist als die Fremdkapitalzinsen)
- Es muss ein einheitlicher/konstanter Fremdkapitalzinssatz unterstellt werden

1. Finanzierungsformen nach Mittelbereitstellung
1. Barkredit
   - Normaler Kredit (= Geldleihe)
2. Avalkredit
   - Bankbürgschaften
   - Kreditleihe: Bank verleiht Kreditwürdigkeit
   - Kann das Unternehmen nicht zahlen, zahlt die Bank
3. Öffentliche Fördermittel
   - Siehe Vortrag
4. Besondere Finanzierungsformen

2. Finanzierungsformen nach Mittelgewährung/Kreditgewährung (wer gewährt den Kredit)
1. Direktkredit: eine Bank gibt einem Kreditnehmer direkt den Kredit
2. Konsortialkredit: mehrere Konsortien/Banken geben Kredit auch wenn nur eine Bank nach Außen hin auftritt (z. B. bei Krisensituationen oder Großinvestitionen)

3. Finanzierungsformen nach Fristigkeit
   - Kurzfristig: bis 1 Jahr
   - Mittelfristig: bis 5 Jahre
   - Langfristig: ab 5 jahre

Betriebsmittelkredite = kurzfristig (Unterform der Barkredite)
1. Kontokorrentkredit
   - Marktzinssatz (kein fester Zins)
   - Zins nur bei Nutzung
   - Gewährleistung ohne Sicherheiten
   - Da kurzfristig hoher Zinssatz aber dafür flexibel
2. Kurzfristiger Festsatzkredit
   - Terminkredit
   - Minidarlehen
   - Fester Zinssatz
   - Kurzfristiger Festsatzkredit
   - Zinssatz unter dem des Kontokorrentkredites
3. Lombardkredit
   - Verpfändung z. B. eines Festgeldkontos oder eines Wertpapieres, um einen Kredit zu bekommen
   - Z. B. wenn man zur Zeit nicht ans Geld heran kommt (Festgeldanlagen)
   - Niedriger Zins, da besicherter Kredit
4. Wechselkredit
   - Zahlungsversprechen

Investitionskredite = mittel-/langfristig (Unterform der Barkredite)
1. Darlehen
   - Zur mittel/langfristigen Finanzierung von Anlagevermögen
   - Mit festem oder variablem Zinssatz
   - Meist zweckgebundene Zusage
   - Sicherheiten sind nötig
2. Schuldscheindarlehen
   - Kredit wird dem Kreditnehmer über Kapitalsammelstellen zur Verfügung gestellt
   - Heute nicht mehr genutzt
   - Nicht Handelbar (nur Urkunde über Schulden)

→ **Kontokorrentkredit und Darlehen sind die Wichtigsten Bankkredite!**

Tilgungsmöglichkeiten
1. Ratentilgung (z. B. monatliche Zahlungen)
   - Konstante Zahlungen
   - Zins sinkt auch (wie bei der Annuitätentilgung), da regelmäßige Tilgung
   - Insgesamt ist der Ratenkredit günstiger, da am Anfang mehr getilgt wird (zu zahlende Zinsen nehmen dadurch eben auch ab)
2. Endfällige Tilgung
3. Annuitätentilgung
   - Kombination aus Zins und Tilgung , die immer einen gleichen Betrag darstellt
   - Jeden Monat ist ein fester Betrag zu tilgen
   - Durch Tilgung wird der Gesamtbetrag immer geringer und dadurch sind auch immer weniger Zinsen zu zahlen
   - Tilgungsanteil steigt – Zinsanteil sinkt

Effektivzins
- Zins mit Zinseszinsen (+ Gebührenkomponente + Disagio)
- Zinsen nicht am Ende der Laufzeit sondern vorher
- Bsp.: 8,3 % Effektivzins statt 8 %
- Beziffert die jährlichen und auf die nominale Kredithöhe bezogenen Kosten von Krediten
- Bei Krediten, deren Zinssatz oder/und andere preisbestimmende Faktoren sich während der Laufzeit ändern (können), wird er als anfänglicher effektiver Jahreszins bezeichnet
- Der Effektivzinssatz wird im Wesentlichen vom Nominalzinssatz, dem Auszahlungskurs (Disagio), der Tilgung und der Zinsfestschreibungsdauer bestimmt

Disagio
- Kreditsumme ist 100.000 aber man bekommt nur 98.000 an Geld
- Zinszahlung nur auf 98.000 (Tilgung 100.000)
- Disagio = Zahlungsstundung

Avalkredite
- Absicherung von Risiken
- Bank kann das Geld besser anlegen als „Einzelanleger"
- Sind billiger als normale Kredite
1. Bankbürgschaften (Avalkredit)
   - Zinsen sind zu zahlen
   - Bank zahlt, wenn man selbst nicht zahlungsfähig ist
   - Zweckgebunden/akzessorisch
   - Nur gültig für das ursprüngliche Geschäft/den ursprünglichen Vertrag
   - Kreditleihe: Bank verleiht Kreditwürdigkeit
   - Kann das Unternehmen nicht zahlen, zahlt die Bank
   - Bürgschaft erlischt mit Vertragsende

2. Bankgarantie
   - Abstraktes Schuldverhältnis/Schuldversprechen
   - Nicht akzessorisch
   - Teurer, da weitgehender Schutz
   - Erlischt NICHT mit Vertragsende

	Beschreibung	Präferenzkriterium	Praxis	Vorteile	Nachteile
Statische Investitionsverfahren					
Kostenvergleichsrechnung	Summation der Einzelkosten zu den Gesamtjahreskosten	Kostengünstigste Investitionsalternative	Kostenvergleich zwischen zwei gleichartigen Investitionsobjekten	- Einfache Berechnung - Relativ einfache Datenbeschaffung	- Es werden nur die Kosten berücksichtigt - Vergleichsinvestition mit gleicher Ausbringungsmenge und Nutzungsdauer ist nötig - Erwartete Kosten müssen bekannt sein - Kostenperiodisierung erforderlich
Leistungsvergleichsrechnung	$\sum$ mengenunabhängige + mengenabhängige Kosten / Stückzahl	Kostengünstigste Investitionsalternative bei unterschiedlicher Ausbringungsmenge	Kostenvergleich zwischen zwei gleichartigen Investitionsobjekten	- Einfache Berechnung und Datenbeschaffung - Unterschiedliche Ausbringungsmengen	- Es werden nur die Kosten berücksichtigt - Erwartete Kosten müssen bekannt sein - Kostenperiodisierung + Vergleichsinvestition erforderlich - Gewinngröße wird nicht berücksichtigt - Vergleichsinvestition erforderlich
Gewinnvergleichsrechnung	$\varnothing$ Erlöse $- \varnothing$ Gesamtkosten $= \varnothing$ Gewinn	Auswahl der Investitionsalternative, die den höchsten Gewinn aufweist.	Dient der Gewinnmaximierung.	- Relativ einfache Berechnung und Datenbeschaffung - Gewinne werden berücksichtigt (nicht nur die Kosten, sondern auch ob Gewinn erwirtschaftet wird)	- Kosten müssen bekannt sein - Kostenperiodisierung + Vergleichsinvestition erforderlich - Kosten müssen Gewinnen eindeutig zugerechnet werden können
Rentabilitätsvergleichsrechnung (ROI)	$\dfrac{(\text{Gewinn vor kalkul. Zinsen})}{\varnothing \text{ gebundenes Kapital}} \times 100\,\%$ = Rentabilität (Setzt den $\varnothing$ Jahresgewinn ins Verhältnis zum $\varnothing$ gebundenen Kapital) Die Rentabilitätskennziffer wird dabei in zwei Komponenten zerlegt, um Schwachpunkte zu entdecken.) $\dfrac{\text{Gewinn}}{\text{UE}} \quad \dfrac{\text{Umsatzerlöse}}{\text{geb. Kapital}} = \text{ROI}$	Führe die Investition durch, bei der die Rentabilität höher ist als die geforderte Mindestverzinsung bzw. die mit der maximalen $\varnothing$ Rentabilität	Weit verbreitetes Praktikerverfahren.	- Einfach zu berechnen - Absolute Vorteilhaftigkeit, da kein Vergleichsobjekt notwendig (nur ein Produkt) - Vergleich mit den von mir erwarteten Zinsen	- Nur bei ähnlichem Kapitaleinsatz möglich - Kurzfristige Betrachtungsweise - Zeitlicher Unterschied im Anfall der Kosten, Erlöse und Gewinne wird nicht berücksichtigt - Keine/problematische Vergleichsmöglichkeit von Alternativen mit unterschiedlicher Nutzungsdauer bzw. Kapitaleinsatz - Grobe Annahme bei der Ermittlung des $\varnothing$ Kapitaleinsatzes
Amortisationsvergleichsrechnung	Umsätze $-$ Kosten $+$ kalkulatorische Afa $+$ kalkulatorische Zinsen $=$ Rückfluss/Jahr $\dfrac{\text{Kapitaleinsatz}}{\text{Rückfluss/Jahr}}$ $=$ Amortisationsdauer	Immer die Investition mit der kürzesten Amortisationsdauer.	Ermittelt den Zeitraum, in dem das investierte Kapital über Erlöse wieder in das Unternehmen einfließt (Hilfe bei Investitionsentscheidungen, wie Maschinenkauf).	- Einfache Berechnung - Hilfe bei Investitionsentscheidungen (ob überhaupt und welche)	- Kennen genaue Rückflüsse nicht - Nur für kleine und mittlere Betriebe geeignet - Zusätzliche Kosten werden nicht berücksichtigt (Folgekosten)

	Beschreibung	Präferenzkriterium	Praxis	Vorteile	Nachteile
		Dynamische Investitionsverfahren			
Kapitalwert-methode	Zusammensetzung des KW: - Investitionssumme - Ein-/Auszahlungen/Jahr - Zinssatz/Jahr - Liquidationserlös - Restwert der Investition (bei Veräußerung) - Ermittlung des Barwertes der jährlichen Gewinnüberschusse (über mehrere Jahre) - Periodische Berechnung der Rückflüsse unter Berücksichtigung der Laufzeit und des Zineszins	Investiere zum höchstmöglichen Kapitalwert (nicht investieren, wenn der Wert negativ ist) Kapitalwert = - Investition a_0 + $\frac{(\text{Einzahlung} + \text{Auszahlung})}{(1+i)^t}$ + ... + $\frac{\text{Liquidationserlös}}{(1+i)^t}$		- Rückflüsse zu unterschiedlichen Zeitpunkten werden berücksichtigt (periodenbezogen) - Zahlungen werden auf einen gemeinsamen Vergleichszeitpunkt abgezinst - Zahlungsströme sind so vergleichbar	- Keine Übersicht über eingesetztes Kapital ↔ Gewinn - Unelastisch, da Zinssatz variiert (keine sichere Investition)
Annuitäten-methode	Wandelt den Kapitalwert einer Investition in eine Rente um (unter Berücksichtigung d. Abzinsung auf die Laufzeit). $A = C_0 \cdot \frac{i \cdot (1+i)^T}{(1+i)^T - 1}$	Wähle die Investition, die die größte Annuität besitzt (nie eine, die eine Annuität kleiner als 0 besitzt)		- Es kann der Wert pro Periode ermittelt werden (anschaulicher als die Kapitalwertmethode) - Berücksichtigt die Zielsetzung des Einkommensstrebens des Investors	- Investitionsalternativen mit unterschiedlichen Laufzeiten können nicht sinnvoll verglichen werden
Methode des internen Zinsfußes	Ermittlung des Zinssatzes r, bei dem der Kapitalwert gleich 0 ist. $C_0 = -a_0 + \sum c_t \cdot (1+r)^{-T} = 0$	Die Investition, bei der der interne Zinsfuß größer als die alternative Mindestverzinsung ist bzw. bei mehreren Investitionen die mit dem höchsten Zinsfuß. Entscheidungskriterium für die Vorteilhaftigkeit einer Investition im Vergleich mit einer alternativen Mindestverzinsung.		- Methode berücksichtigt die zu unterschiedlichen Zeitpunkten anfallenden Rückflüsse - Einfache und schnelle Berechnung mit Tabellenkalkulationsprogrammen	- Interner Zinsfuß alleine ist nicht aussagefähig
Vollständiger Finanzplan				- "Erweiterte Kapitalwertmethode" - Berücksichtigung der unterschiedlichen Zinssätze (Soll-/Habenzins)	

Kooperationsmöglichkeiten zur Verringerung des Finanzbedarfes

Wie kann ich als Unternehmer meinen Finanzbedarf reduzieren, indem ich mit meinen Zulieferern, Konkurrenten, Abnehmern zusammenarbeite (Beispiele)?

Zulieferer
- Fertigungstiefe im Unternehmen verringern
  (verlängerte Werkbank: Zulieferer übernimmt Teile Produktion)
- Lager-/Transportkosten reduzieren (Großhändler und Internethandel)
- Werbekostenzuschüsse (Katalog, Messe etc.)

Abnehmer
- Absatzfinanzierung
- Just-in-time-Produktion (Lagerkosten)
- Abnahmepläne/Liefermengen vereinbaren
- Transport auf Abnehmer verlegen
- Gemeinsame Maschinen- und Werkzeugfinanzierung
- Gemeinsame Forschung und Entwicklung
- Weiterbildung der Mitarbeiter (mittelfristige Kostenersparnis)
- Abnehmer bezahlt Werbung
- Verwaltungs-/Kommunikationsaufwand gering halten
- Zahlungsmodalitäten optimieren (Vorkasse)
- Personalüberlassung durch Abnehmer

Handwerksbetrieb:
- Einkaufsgemeinschaften
- Spezialmaschinen gemeinsam nutzen/beschaffen
- Joint Venture (Austausch/Arbeitsteilung)
- Service-/Transportgemeinschaften
- Personalgemeinschaften

→ Trend zur stärkeren Zusammenarbeit/Kooperation